COLLECTION

Alph. MAZE-SENCIER

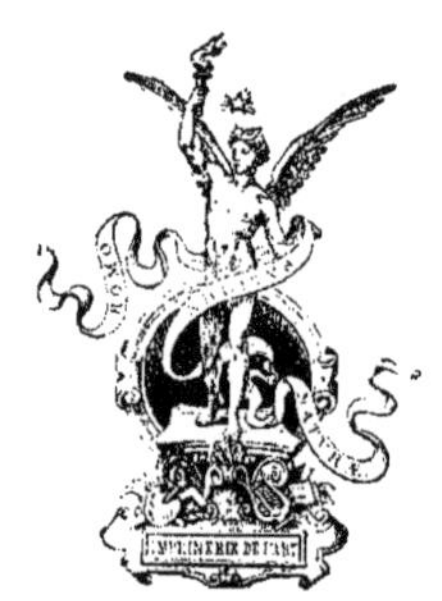

CATALOGUE

DES

MINIATURES

DU XVIIIe SIÈCLE

Par Ph. Carême, Charlier, Hall, Dumont, Augustin Van Spaendonck, Isabey, etc.

TABATIÈRES, BONBONNIÈRES, BOITES A MOUCHES, BIJOUX

Des époques Louis XV et Louis XVI

FAIENCES FRANÇAISES

SUITE INTÉRESSANTE DE FAIENCES DE ROUEN

OBJETS D'ART ET DE CURIOSITÉ

MEUBLES ET TAPISSERIES

Composant la Collection de M. Alph. Maze-Sencier

ET DONT LA VENTE AURA LIEU

HOTEL DROUOT, SALLE N° 8

Les Vendredi 19 et Samedi 20 Mars 1886

A DEUX HEURES

Par le ministère de Me PAUL CHEVALLIER, commissaire-priseur

10, rue de la Grange-Batelière, 10

Assisté de M. CHARLES MANNHEIM, expert

7, rue Saint-Georges, 7

Chez lesquels se trouve le présent Catalogue.

EXPOSITIONS

PARTICULIÈRE	PUBLIQUE
Le Mercredi 17 Mars 1886	Le Jeudi 18 Mars 1886

DE UNE HEURE A CINQ HEURES

CONDITIONS DE LA VENTE

Elle se fera au comptant.

Les adjudicataires paieront *cinq pour cent* en sus des enchères, applicables aux frais.

L'exposition mettant le public à même de se rendre compte de l'état des objets, il ne sera admis aucune réclamation une fois l'adjudication prononcée.

Paris. — Imprimerie E. Ménard et J. Augry, 41, rue de la Victoire.

PRÉFACE

M. Alph. Maze-Sencier n'est pas un inconnu dans le monde des amateurs. En 1870, ses *Recherches sur la céramique* éveillèrent l'attention. Ce premier ouvrage, accompagné de nombreuses planches photoglyptiques, indiquait chez l'auteur des qualités de méthode et de coordination qu'il devait porter au plus haut point dans son magnifique volume : *le Livre des collectionneurs*.

Un tel travail ne pouvait être entrepris et mené à bonne fin que par un connaisseur et un homme de goût. Sa collection le prouve de la façon la plus éloquente et nous allons en donner un rapide aperçu.

Les faïences de Rouen sont représentées par de superbes types.

Signalons cinq aiguières Louis XIV, ornées d'un riche décor à lambrequins ; des plats et assiettes de style rayonnant, aux armes d'Herbouville, d'Asselin de Villequier, de Louis Poterat, faïencier renommé sous le grand roi, etc.

Une fontaine, figurant en relief, un Neptune entre deux dauphins, nous offre un chef-d'œuvre de maitrise. Voici une pièce historique : c'est un couvercle de soupière, de chez Guillibaud, portant sur chaque face les armes de Montmorency-Luxembourg avec le manteau de pair et la couronne ducale. Ce couvercle faisait partie d'un service offert par les échevins de la ville de Rouen au duc de Montmorency-Luxembourg, quand il fit son entrée solennelle à Rouen comme gouverneur de Normandie, le 27 juin 1728. Deux assiettes à fond jaune ocré, du temps de la Régence, méritent une mention particulière; celle aux deux amours dansant est montée graduellement au delà de 2,500 francs.

Deux jardinières semi-circulaires de Sceaux, décorées de sujets de chasses, sont dignes de Sèvres. Cela n'a rien d'étonnant quand on sait que la manufacture royale enlevait parfois à l'usine de Sceaux, ses meilleurs ouvriers. Une autre perle de cette belle collection est une tasse en porcelaine de Sèvres, portant le chiffre magique : D. B. (Du Barry.)

Les grès sont peu nombreux, mais choisis.

Arrivons aux miniatures et admirons un instant. Que de ravissants portraits ! Que de gracieux souvenirs ! Voici les portraits de Mme Deshoulières, de Marie-Thérèse, femme de Louis XIV, par Petitot; d'Amédée II, roi de Sardaigne; de Maurice de Saxe, de la marquise de Tourzel, par Violet; de l'acteur La Rive et de Charles de Calonne, surintendant des finances, par François Dumont; du comte de Provence enfant, par Dubourg; du duc d'Enghien, par Hall.

Une boite en vernis Martin, enrichie de deux miniatures, nous montre des fleurs et des fruits comme on n'en fait plus; celle du couvercle est signée : *C. Van Spaëndonck.*

Voici le portrait de Hall, peint par lui-même, renfermé dans un cadre vénitien du XVIIe siècle; puis un portrait de toute jeune femme, dans lequel l'illustre Suédois a déployé toutes les ressources de son merveilleux talent. Une riche tabatière Louis XVI nous offre le portrait de la belle duchesse de Polignac, l'amie de Marie-Antoinette, par

François Dumont. Jamais le « peintre de la Reine » ne s'est élevé plus haut que dans ce séduisant portrait.

La plus éblouissante de ces miniatures nous paraît être le portrait de Rosalie Duthé, dans l'exécution duquel Augustin s'est surpassé. On sait que cette célèbre courtisane fut la maitresse du comte d'Artois. La baronne d'Oberkirch, dans ses *Mémoires*, rapporte le mot qui courait alors sur le futur Charles X. On disait que « lorsque le prince avait une indigestion de gâteau de *Savoie*, il allait prendre *du thé*, à Paris ». Le comte d'Artois avait épousé une princesse de Savoie.

Les boites en ivoire, offrent tout ce que l'ivoirerie dieppoise et parisienne ont produit de plus gracieux et de plus délicat.

Une série de tabatières ornées de petits médaillons en poirier sculpté sur fond d'ébène, exécutées par Marie-Joseph *Bonzanigo*, sont des tours de force où l'élévation du style rivalise avec le merveilleux du fini, jusque dans les détails les plus microscopiques.

Arrêtons-nous devant un meuble allemand, en noyer sculpté du XVIe siècle, à trois vantaux superposés. Les sculptures en sont taillées de main de maitre. Nous pourrions citer bien des choses encore, entre autres un grand meuble en laque de Chine, à deux corps, avec abattant formant bureau ; un canapé et de riches fauteuils couverts en tapisserie aux couleurs harmonieuses, mais il faut savoir se borner et nous renvoyons au catalogue pour plus amples détails.

Ne regrettons pas la dispersion de ces précieux objets, que les amateurs auront bientôt le plaisir de se disputer. Ces belles pièces, acquérant un regain de valeur par la haute compétence de leur propriétaire actuel, vont entrer dans les riches collections dont elles accroitront l'importance ; elles répandront partout le nom du travailleur infatigable qui, dans le silence du cabinet et l'admiration des œuvres d'art, a consacré une partie de sa vie à l'étude du bibelot et de la curiosité.

SPIRE BLONDEL.

La plupart des pièces de cette collection ont été reproduites dans divers ouvrages, notamment dans les *Recherches sur la céramique* et dans *le Livre des collectionneurs*, par Alph. Maze-Sencier. Paris, Renouard, 6, rue de Tournon.

Dans la description des pièces, toutes celles qui ont eu les honneurs de la reproduction sont désignées par cette mention : *Rech. s. l. Cér.*, ou : *le Livre des collect.*

DÉSIGNATION DES OBJETS

MINIATURES

1 — PORTRAIT A COLLERETTE. Miniature à l'huile, représentant une jeune femme du temps des Valois. XVIe siècle. Cadre en argent repoussé et doré.

2 — PERSONNAGE DU XVIIe SIÈCLE, à longs cheveux tombant sur les épaules. Physionomie expressive. Ce splendide portrait pourrait être attribué à *Samuel Cooper*. Riche écrin en chagrin, piqué d'or.

3 — MARIE-THÉRÈSE D'AUTRICHE (1638 † 1683), femme de Louis XIV, miniature sur vélin, par *Petitot*. La reine est coiffée à la Sévigné; elle porte des boucles d'oreilles et un collier de perles; sa robe, de couleur jaunâtre, est plissée au corsage. Cadre en or à réverbère, bordé d'un filet d'émail blanc.

4 — Mme DESHOULIÈRES [Antoinette du Ligier de la Garde] (1638 † 1694). Elle est coiffée à la Fontanges. Portrait remarquable d'expression et de fini. Superbe cadre rectangulaire en argent, lamé d'or et serti de strass, formé d'une ancienne boucle de crispin.

5 — Victor-Amédée II, duc de Savoie, puis roi de Sardaigne (1665 † 1732). Il est coiffé de la grande perruque Louis XIV et porte une cravate blanche à dentelles et l'ordre de la Toison d'or. Petit émail très finement peint, signé au revers : *Jean Friderich Ardin pinxit 1715*. Riche cadre en argent doré, formé d'arabesques et de rinceaux découpés à jour, orné de douze cabochons dont quatre perles et quatre grenats.

6 — Personnage du temps de Louis XIV en habit rouge et cravate blanche à bouts tombants. Touche fine et spirituelle. Très curieux petit cadre du XVIe siècle, en or émaillé blanc et bleu, orné de fleurs de lis.

7 — Le Clystère. Dessin rehaussé de rouge, par *Klingstet*. Cadre rectangulaire en galuchat, garni d'une glace biseautée.

8 — Marie-Thérèse, impératrice d'Autriche, très petite et très fine miniature, dans un cadre en bronze doré, timbré d'une couronne souveraine et figurant à la base, une *Bonne-foi* (deux mains qui se pressent).

9 — Petit Garçon attrapant des perdrix et les donnant à une petite fille qui tend son tablier pour les recevoir. Gracieuse miniature rectangulaire, par *Charlier*, peintre du roi. Cadre Louis XVI, en bronze ciselé et doré.

Pièce décrite dans le *Catalogue du cabinet du comte de Caylus*, auquel elle a appartenu.

10 — Jeune Artiste assis, dessinant, d'après un buste

posé devant lui. Signé à droite : *Law, 1774*. Cercle d'or. Très beau cadre rectangulaire, de style Louis XIII, en bronze finement ciselé, orné d'une bordure de lis et de roses.

11 — Jeune Femme de qualité, du temps de Louis XV. Elle porte un manteau bleu, retenu par un nœud, en haut du corsage. Écrin en chagrin, portant, en piqué d'or, le chiffre I. R., surmonté d'une couronne royale.

12 — Vernis Martin, genre Boucher : Vieillard couronné de pampres, près d'une jeune femme, les seins découverts. Magnifique cadre en or émaillé, serti de grenats.

13 — Vernis Martin. Buste de Louis XV, couronné par des enfants. Cercle d'or et cadre en bronze finement sculpté et doré, dans le style du XVIIe siècle.

14 — Portrait de Rosalie Duthé, vue à mi-corps, vêtue de blanc, le sein et le bras gauche découverts ; fond de paysage. Miniature ronde, signée à gauche : *Augustin, 1793*. Chef-d'œuvre. Cadre en or, à réverbère, à filet d'émail blanc.

15-16 — Portraits d'homme et de femme, peints sur ivoire, à l'imitation de camées en agate-onyx. Le portrait d'homme est signé : *Chatillon*. Riches cadres Louis XVI, surmontés d'un nœud, finement ciselés et dorés.

17 — Jeune Femme du temps de la première République. Elle porte sur son costume les couleurs nationales. Très bel écrin ovale, en chagrin, piqué d'or.

18 — Portrait de vieillard. Buste de profil à gauche sur fond noir. Cravate blanche et vêtement brun à collet de velours violet. Les cheveux et les chairs sont rendus avec une étonnante *maestria*. Signé : C. *Bourgeois, 1808*. Cadre Louis XVI en argent, serti de strass.

19 — Marquise de Croy. Elle est coiffée d'un grand chapeau « à la Paméla », garni de satin blanc et d'un voile blanc brodé. La marquise, déjà d'un certain âge, porte une robe en velours cramoisi et une collerette ruchée en tulle illusion. Signé à gauche : *Jules Vernet*, 1826. Cadre Louis XIV, en bois sculpté et doré.

20 — Angélique et Médor. Très jolie miniature inachevée, du XVIIIe siècle, dans un cadre en bois sculpté Louis XIV.

21 — Marie-Thérèse d'Autriche, impératrice (1717 † 1780). Elle est assise et porte le grand cordon de son fameux ordre, créé en 1757, après la bataille de Kollin. Tête couverte d'un bonnet de dentelles, noué d'un ruban violet. Dossier de fauteuil jaune, draperie bleue. Cette belle miniature pourrait être de *Blondel*, le peintre ordinaire de Marie-Thérèse. Cadre allemand en bronze ciselé et doré, surmonté de la couronne impériale.

22 — Pierre-Adolphe Hall (1739 † 1793), peint par lui-même. Il est drapé dans un grand manteau rouge. Signé à droite, sur l'arbre : *Hall*. Très beau cadre vénitien, en écaille et argent, orné de deux têtes d'enfant délicatement ciselées et serti de deux roses et de quatre grenats.

23 — Portrait de jeune femme, signé à gauche : *Hall*. Ruban vert et fleurs dans les cheveux ; fichu dénoué et seins en partie découverts. Cadre en or à réverbère, bordé d'un filet d'émail blanc. Œuvre magistrale. Coloris splendide.

24 — Adélaïde de Bourbon, fille du duc d'Enghien ? Elle est vue de face, coiffée d'un chapeau garni de ruches et de bouillons en mousseline blanche ; son corsage rose est bouillonné de tulle. Riche cadre rectangulaire, en or et argent, serti de chrysolithes et surmonté d'un gracieux ornement de même fond, disposé en éventail.

25 — Portrait présumé du duc d'Enghien, en costume de chasse, par *Hall*. Figure souriante, habit vert galonné, cor de chasse passé sous le bras droit et sur l'épaule gauche. Beau cadre, en bronze ciselé, entouré de perles et surmonté de divers attributs de la musique et du théâtre.

26 — Jeune Femme, coiffée d'un large bonnet de tulle, échancré sur le front. Son corsage est orné d'une berthe. Ouvrage d'*Antoine Vestier*, reçu à l'Académie de peinture en 1786. Cadre ovale en argent, serti de

strass et surmonté d'un couronnement de même genre, en forme de nœud, accompagné de légers cordons en or.

27 — Gentilhomme en habit rouge, du temps de Louis XVI. Émail. Cadre ovale en argent, surmonté d'un nœud, serti de strass.

28 — Charles-Alexandre de Calonne (1734 † 1802), contrôleur général des finances sous Louis XVI. Habit et gilet noirs, cravate blanche avec nœud et jabot de dentelle. Ouvrage de *Dumont*, « peintre en miniature de la reine ». Riche cadre de style Louis XVI, à fines ciselures et doré au mat.

29 — Jeune Femme de profil à droite, par *Isabey*. Elle est coiffée d'un grand voile blanc et porte, autour du cou, une écharpe jaune. L'épaule laisse voir une partie de la robe bleue, bordée au corsage d'une dentelle à larges dents tombantes. Cadre en bronze finement ciselé, de style Louis XIII, timbré d'un écusson aux armes du duc d'Harcourt.

30 — Médaillon allégorique du temps de Louis XVI. Sur le flambeau et le carquois, deux cœurs enflammés sont entourés d'un ruban formant un nœud et dont les extrémités sont tenues par deux colombes, qui s'envolent dans des directions différentes. En haut, le chiffre G. S. M. et la légende : *L'éloignement resserre nos nœuds*. Très joli cadre Louis XVI, en or et argent, serti de strass.

31 — Personnage de la fin du xviiie siècle, signé : *Le Rebours*, 1793. Habit marron et gilet à revers blancs. Écrin rond en chagrin, garni d'une glace biseautée.

32 — Portrait d'homme en costume de la fin du xviiie siècle. Habit à larges revers, cravate blanche, jabot à dentelles et gilet à revers rouges. Écrin ovale, en chagrin.

33 — Portrait de jeune femme en robe blanche, à dentelles. Jolie miniature anglaise, de forme carrée, signée : *Aspasie Matthès*, 1822.

DESSINS, GOUACHE, etc.

34 — Cinq beaux dessins de maîtres italiens, dont quelques-uns du xvie siècle, dans un grand cadre Louis XIV, en bois sculpté et doré.

35 — Deux dessins, à l'encre de Chine, par *Boquet*, dessinateur des fêtes de la cour. (Signés.)

36 — Un Sacrifice a l'Amour. Très fine peinture sur verre, dans une bordure en bois sculpté et doré.

37 — Viens faire ton bonheur ! Aquarelle par *Gavarni*. Signée : *G. London*, *1850*. Très riche cadre italien Renaissance, en bois sculpté et doré.

38 — Très belle gouache. Signée à droite : *Ph. Caresme, 1769.* Une femme nue, étendue sur une peau de tigre, tient une aiguière qu'un Faune veut lui arracher; à gauche, dans les airs, un groupe de trois amours supportant une corbeille de fleurs. Superbe cadre du XVIIe siècle, en bois sculpté et doré.

39 — Album de cent trente-six dessins au crayon, à la sanguine, à la sépia, etc., par ***Hyacinthe Langlois du Pont de-l'Arche, 1795.*** Reliure in-8°, en maroquin rouge, par *Lortic.* (Signé.)

TABATIÈRES ET BONBONNIÈRES

ORNÉES DE MINIATURES ET D'ÉMAUX

40 — Boite en écaille blonde, cerclée en piqué d'or et incrustations de burgau. Dessus, dans un cercle d'or ciselé à jour, le portrait du duc du Maine, émail par *Petitot.* Restauré.

41 — Tabatière en poudre d'écaille teinte en marron et moulée, décorée en piqué d'or vermiculé. Sur le couvercle, au milieu d'un riche galon d'or, semé de perles et d'émaux verts, le portrait de Victor-Amédée II, roi de Sardaigne.

42 — Tabatière ovale en ivoire, à secret. Gorge, charnière et galons d'or. Sur la boîte, et en dessous, deux dessins rehaussés de rouge, par ***Klingstet.*** Le sujet qui orne le couvercle représente un garçon et une jeune fille, jouant à pousse-pousse.

43 — Boite en poudre d'écaille moulée, teinte en vert bouteille, galonnée de perles d'acier. La miniature, peinte sur vélin, au pointillé, d'un faire précieux, du temps de Louis XV, représente une toute jeune femme de qualité, revêtue d'un très riche costume.

44 — Tabatière Louis XVI, en écaille de l'Inde, avec gorge et galons d'or ciselés à chainette. Dessus, le portrait du maréchal de Saxe, portant la cuirasse et le cordon bleu.

45 — Tabatière ovale, en écaille de l'Inde, avec cercles, gorge et charnière en or, les cercles finement ciselés. La miniature, une des œuvres les plus réussies de *Charlier*, représente une nymphe couchée dans un bois, surprise par un faune et faiblement défendue par un Amour. Époque Louis XV.

46 — Boite en écaille blonde, galonnée en doublé. Le couvercle est formé d'une plaque en ancienne porcelaine de Saxe, figurant un sujet galant à cinq personnages, en costume Louis XV. Autour, un cercle d'or.

47 — Boite d'écaille blonde, bordée d'un cercle de strass et de faux rubis. La miniature, d'une exquise finesse, représente le Paradis terrestre et les animaux de la Création.

48 — Tabatière en vernis Martin, à raies tricolores, cerclée d'or ciselé à jour et enrichie de deux belles miniatures. Celle du couvercle offre un vase posé sur une table, rempli de fleurs et près duquel se trouve un

nid renfermant quatre œufs. Signé, sur l'épaisseur de la table : *C. Van Spaëndonck.* La miniature qui garnit le dessous de la boite représente des fleurs et des fruits.

49 — Boite en écaille blonde, surmontée d'une miniature figurant une corbeille de fruits sur une table. Pêches, prunes et raisins avec leur cep.

50 — Boite en poudre d'écaille teinte et moulée, imitant le marbre ; gorge et galons en or repoussé. Sur le couvercle, dans un cercle d'or à filet d'émail blanc, le portrait présumé de la marquise de Martainville.

Ce portrait provient du château de Martainville, à quelques lieues de Rouen.

51 — Tabatière en écaille de l'Inde, avec gorge et cercles d'or. Sur le couvercle, le portrait présumé de la marquise de Tourzel, gouvernante des Enfants de France, sous Louis XVI. Signé à gauche : *Violet, F.*

52 — Tabatière en écaille blonde, semée d'ornements et de petites étoiles d'or. Les cercles sont aussi d'or. La petite miniature, exécutée par *Lioux de Savignac*, représente des marchands sur le bord de la mer.

53 — Tabatière en poudre d'écaille, marbrée en vert. Sur la boite, un gracieux vernis Martin : une fillette, en robe rose, ayant près d'elle trois jeunes garçons, caresse un mouton. Fond de paysage.

54 — Boite en vernis Martin, fond blanc, à décor d'im-

brications dorées, renfermant chacune un pois vert ou rouge. Dessus, dans un cercle d'or, ovale, deux amours assis, peints à l'huile, dans le goût de Boucher.

55 — TABATIÈRE en poudre d'écaille moulée, rayée noir et blanc. Gorge et galons en doublé. Sur le couvercle, dans un cercle d'or uni, une jolie gouache aux vives couleurs, peinte par *Van Pol* et représentant une corbeille de fleurs, sur une table de marbre. En avant, à droite, un nid avec trois œufs. Marque à gauche, sur l'épaisseur de la table : V. P.

56 — TABATIÈRE en marbre vert antique, galonnée en doublé d'or. Sur le couvercle, dans une large bordure en argent ciselé et doré, le portrait du comte de Provence enfant, donnant la pâtée à des petits oiseaux. Signé en bas : *Dubourg fecit.*

57 — BOITE rouge en vernis Martin à bordure de filets dorés ondulés. Dessus, dans un cadre ovale en or de couleur, le portrait de Jean Mauduit de La Rive, successeur de Lekain, par *François Dumont.*

58 — RICHE TABATIÈRE en écaille jaspée. Gorge et monture en or, cercles ornés de torsades en or vert. Sur le couvercle, le portrait de la duchesse de Polignac, la célèbre amie de Marie-Antoinette, par *François Dumont.* Miniature splendide.

59 — BOITE en écaille blonde, avec cercles en or de couleur finement ciselés à chaînette. Dessus, dans une

bordure d'or, à filet d'émail blanc, un portrait de jeune femme, signé : *G. Henard 1781*. Tête de face; corsage bleu, orné de roses; manches et fichu blancs; ruban bleu dans les cheveux.

60 — Boite en poudre d'écaille moulée, à bandes noires et vertes, cerclée d'or, décorée d'un paysage, par *Moreau-le-jeune*. Site boisé, animé de quatre personnages en costume Louis XVI, dont deux assis sur le premier plan et les deux autres se promenant au loin.

61 — Tabatière ronde, en poudre d'écaille moulée, imitant le jaspe. Cercles ciselés, en or de couleur. Sur le couvercle, dans un cercle d'or à filet d'émail bleu, un ravissant portrait de femme attribué à *Louis-Lié Périn*.

62 — Tabatière ronde en vernis Martin, doublée d'écaille. Le dessin du couvercle, exécuté à l'encre de Chine, représente un paysage maritime à personnages, d'une exquise finesse, par *de Boissieu*.

63 — Tabatière en écaille de l'Inde, avec cercles d'or gravés et repoussés. Portrait présumé de Mlle Dervieux, dans le faire de *Heinsius*.

64 — Boite ronde en vernis Martin, semée d'étoiles d'or. Gorge et cercles en or. Sur le couvercle, un portrait de jeune femme signée : *N. Heidoloff*, 1786. C'est celui de la comtesse d'Ars, née de Bondy.

65 — Boite en poudre d'écaille moulée, de couleur lie de vin. Dessus, un très joli portrait de femme en robe mauve décolletée, écrivant une lettre sur laquelle on lit : « N'écrivez plus et venez. » Signé : *Mosnier* 1787. Riche cercle d'or, enrichi de perles et d'émaux verts. Mosnier était membre de l'Académie de peinture, sous Louis XVI.

66 — Tabatière ovale en écaille de l'Inde, avec gorge et charnière d'or ; cercles d'or ciselés à jour. Le bel émail du couvercle est un portrait de femme à cheveux gris, au teint coloré, aux couleurs éclatantes. Signé, à droite : *Thouron*, 1785.

67 — Tabatière en poudre d'écaille moulée, cerclée et lamée d'or. Sur le couvercle, un portrait de femme, supérieurement peint par ***Hall***; c'est celui de la tante de l'auteur, connue sous le nom de « la tante Adolphine ».

68 — Bonbonnière d'écaille, surmontée d'un beau portrait de femme dans le goût de Hall. Autour du portrait, un cercle d'or, à filet d'émail blanc, puis une large bordure de strass et d'imitation de rubis.

69 — Riche bonbonnière a secret, Louis XVI, en écaille blonde, posée de bandes courbes d'or, de deux tons. Le dessus représente un gracieux portrait de jeune femme, portant un ample vêtement à capuchon. Autour du portrait, un médaillon à guirlandes, en or de couleur délicatement ciselé, surmonté du carquois, du flambeau et de deux colombes.

Le portrait s'enlève, en soulevant avec l'ongle, du côté gauche, le petit cercle d'or qui le borde.

Reproduite dans le *Livre des Collectionneurs*, p. 131.

70 — Boîte en vernis Martin, fond jaune et doublée d'écaille. La peinture, aussi en vernis Martin, représente une jeune femme en robe rouge, causant à une sœur tourière, vêtue de noir, derrière laquelle on aperçoit un mendiant.

71 — Bonbonnière en émail de Venise, doublée d'écaille et cerclée d'or. Le dessus est orné d'un portrait de femme, du temps de Louis XVI, signé : *Boquet*, 1786. Nœud de soie bleu dans les cheveux et fichu de gaze blanche sur un corsage bleu. Boquet était dessinateur des fêtes de la cour.

72 — Boîte Louis XVI, en écaille teinte et moulée, de couleur lie de vin, doublée en marqueterie de paille figurant des fleurs. Dessus, dans une bordure d'or à filet d'émail blanc, une jolie grisaille peinte sur cornaline, signée : *De Gault*.

73 — Boîte ronde à gorge et cercles d'or. Dessous et circulairement sont des miniatures peintes en grisaille, par *Sauvage*.

74 — Bonbonnière en vernis Martin, cerclée d'or à filets blancs et bleus sur un fond doré. Sur la boîte, un portrait de jeune femme, du temps de Louis XVI, et dont le buste paraît inachevé.

75 — Bonbonnière en poudre d'écaille moulée, imitant le jaspe, galonnée en posé d'or. Le couvercle est décoré d'un portrait de jeune fille, de profil, à droite, largement peint à la gouache.

76 — Boîte ronde en écaille blonde, cerclée d'or. La miniature représente un portrait de jeune femme, de profil, à gauche, en costume de la fin du XVIIIe siècle.

BOITES DIVERSES

77 — Boîte ronde en écaille de l'Inde. Sur le couvercle, un petit bas-relief magistralement sculpté en bois de noyer sur fond d'ébène : Angélique et Médor. Les deux amants sont assis l'un près de l'autre et tracent sur un arbre des chiffres amoureux. Ouvrage de *Joseph-Marie Bonzanigo* (1740-1820).

78 — Boîte en tuya doublée et cerclée d'écaille. La petite sculpture, en bois de poirier sur fond d'ébène, offre les attributs de la Musique surmontés d'une petite tête entourée de rayons. Ouvrage de Joseph-Marie Bonzanigo.

(*Le Livre des Collectionneurs*, p. 655.)

79 — Boîte en écaille jaspée. Sur le couvercle, un médaillon sculpté par *Bonzanigo*. Buste d'abbé compositeur, entouré des attributs de la Musique et du Théâtre, et surmonté d'un aigle tenant dans ses serres la trompette de la Renommée.

80 — Boîte d'écaille jaspée, à couvercle bordé en posé d'or et d'acier. Bouquet de fleurs et papillon. Très délicat travail, par *Bonzanigo.*

81 — Boîte d'ébène, cerclée d'ivoire. Le médaillon représente un sujet en ivoire à deux personnages, renfermé dans une guirlande de fleurs d'une extrême ténuité : Vénus debout, en face d'un gracieux Amour, détache une grappe de raisin pour la lui offrir. Légende : *Longe et prope.* Très beau et très délicat travail par *Bonzanigo.*

82 — Boite en écaille de l'Inde, cerclée de larges galons d'or de couleur, à torsades. La petite sculpture est un chef-d'œuvre de finesse élégante : vase à anse en tête de bélier, rempli de fleurs, de fruits et de légumes ; en bas, une colombe soutenant de son bec l'extrémité d'une longue guirlande. Ouvrage de *Bonzanigo.*

83 — Petite boite en écaille blonde, semée d'étoiles d'or. Sujet composé des emblèmes de l'Amour. Une colombe apporte une branche de myrte sur un autel orné de deux cœurs enflammés et surmonté du flambeau, de l'arc et du carquois. Ouvrage de *Bonzanigo* ou de l'un de ses élèves.

84 — Boite d'écaille à décor de marqueterie. Le médaillon, disposé en trophée, représente les attributs de la Musique, de la Peinture, de l'Architecture, etc. Ouvrage de *Bonzanigo* ou de l'un de ses élèves.

85 — Boîte en vernis Martin vert pomme, surmontée

d'un beau médaillon en ivoire, sculpté par un des meilleurs élèves de Bonzanigo. Jeune mère entourée de ses trois enfants nus, dont un sur ses genoux et auquel elle donne le sein. En bas, on lit : *Fait par Tanedey, à Turin.*

86 — Tabatière en racine de buis, doublée et cerclée d'écaille. Le sujet, exécuté en relief et recouvert « d'or amalgamé », représente le Coucher de la mariée, d'après Baudouin.

87 — Boîte en écaille de l'Inde, cerclée en doublé d'or. Le médaillon du couvercle offre un paysage maritime couvert « d'or amalgamé ». Ces sortes de petits sujets, couverts d'une forte et solide dorure, se faisaient particulièrement chez le fameux Gauchez, bijoutier de la reine, à la descente du Pont-Neuf.

88 — Boîte oblongue en cuivre de deux tons, enrichie d'ornements gravés sur toutes ses faces. Dessus, dessous et à l'intérieur se trouvent des sujets religieux, cachés par des coulisses et des vantaux. Travail flamand du xviie siècle.

89 — Boîte ronde, en écaille moulée, imitant le jaspe. Le sujet, tiré des fouilles de Pompei et dessiné à la pointe sur fond d'or, est une répétition de la Marchande d'Amours. Ce beau travail est signé, à droite : *Choiseul.*

90 — Boîte ronde, en écaille moulée, lie de vin, posée d'un semis de ronds d'acier et de croisettes d'or. Le

dessus figure une scène d'intérieur dessinée à la pointe sur fond d'or, avec une rare perfection. Signé, en bas, *Viller*.

91 — Magnifique boite à mouches, en écaille blonde, décorée d'un sujet à personnages d'après Bérain, en posé et piqué d'or. Commencement du règne de Louis XV.

92 — Tabatière composée de six plaques de nacre sculptée. Monture à cage, en argent doré. Sur le tour de la boite, des paysages russes; en dessous, une chasse à l'ours. La plaque de dessus représente trois personnages, dont une souveraine à cheval, probablement la grande Catherine, tenant un sceptre de la main droite.

93 — Boite a mouches, en ivoire, oblongue, à pans coupés. Scène du Lutrin, de Boileau. Époque de Louis XIV.

94 — Boite a mouches, en ivoire, du temps de la Régence. Près d'un Amour, Vénus, à genoux, aiguisant une flèche.

95 — Boite d'ivoire, doublée d'écaille, surmontée du portrait, en robe de cour, de Marie Leczinska, femme de Louis XV. Signé, à gauche : *Blondel*, 1750. Ouvrage de Paris.

96 — Boite d'ivoire. Un navire, guidé par une étoile, arrive au port. Exergue : *Elle m'a bien conduit au port*. Ouvrage de Dieppe.

97 — Boîte d'ivoire, allégorique comme la précédente et d'un travail plus compliqué. Ouvrage de Dieppe.

98 — Boîte d'ivoire doublée d'écaille. Scène champêtre et galante, genre Boucher. Inscription : *Ils seront à leur tour — Couronnés par l'Amour.*

Charmant ouvrage de *Jean-Antoine Belleteste*, de Dieppe (1731-1811).

99 — Grande boite d'ivoire, du temps de Louis XIV. Le Jugement de Pâris.

100 — Boite d'ivoire, doublée d'écaille. Andromède délivrée par Persée. Très beau travail de Paris. xviiie siècle.

101 — Boite d'ivoire doublée d'écaille. Médaillon à sujet champêtre, dans un cercle d'or ciselé. Ouvrage délicat, d'une extrême ténuité.

102 — Tabatière en ivoire, doublée d'écaille. Jeune femme offrant des chaines à un amour. Sur les marches d'un temple, on lit : *Elles sont cruelles, mais elles sont chères.* Charmant ouvrage de Dieppe ou de Paris.

103 — Boite d'écaille, bordée de larges cercles d'or. Le médaillon d'ivoire, délicatement sculpté, représente deux temples à l'Amour précédés de deux jeunes femmes et de trois amours portant des flambeaux et des cœurs enflammés. Ouvrage de Dieppe ou de Paris.

104 — Boite d'écaille. Dans une bordure d'acier à parties dorées, un paysage avec temple et personnages en ivoire sculpté sur fond bleu. Ouvrage italien du xviiie siècle.

BIJOUX — CLÉS

OBJETS DE VITRINE

105 — Quadrille de jeu de reversis, en ivoire teint et gravé. Les quatre boîtes, de couleurs différentes et garnies de leurs jetons, sont décorées de fleurs, de paysages, d'animaux et présentent sur les couvercles un écusson : *de gueules, à trois molettes d'éperon d'or*. Ces armes appartiennent, soit aux Canouville (Normandie), soit aux des Bordes (Nivernais).

106 — Souvenir d'amitié, Louis XV, en ivoire monté en or gravé et ciselé. Dans un médaillon, le chiffre J. A. C.; dans l'autre, un portrait de femme. Étui en galuchat monté en argent.

107 — Souvenir d'amitié, Louis XVI, en or et burgau, très riche. L'un des médaillons renferme un joli portrait de la duchesse de Bourgogne.

108 — Petit portrait d'Henri IV, supérieurement ciselé en fer et renfermé dans un cadre en bronze ciselé aussi de main de maître.

109 — Étui de flacon en argent doré Louis XVI, surmonté d'une couronne fermée.

110 — Très bel étui à miniatures, du xviiie siècle, en argent repoussé, ciselé et doré, orné, sur chaque face, de gracieux ornements rocaille avec personnages.

111 — Très bel étui à miniatures, en galuchat. xviiie siècle.

112-113 — Deux manches de couteau, sculptés en bois. Le Sacrifice d'Abraham. Chasseur en costume du Moyen-Age.

114 — Bague d'argent, avec chaton en poirier sculpté sur fond d'ébène, par *Bonzanigo*. Le sujet représente un pigeon revenant auprès de sa colombe, posée sur un tertre au pied d'un arbre.

115 — Marie de Médicis. Médaille de bronze, signée à gauche, sous le bras : *G. Dupré F. 1624.*

116 — Tire-bouchon, en fer. La partie supérieure, évidée à jour, figure des emblèmes maçonniques, empruntés à l'art de bâtir.

117 — Clé en fer. Le bouton, découpé à jour, présente une rosace surmontée d'une couronne ducale. Travail français du xve siècle.

Long., 134 millim.

118 — Clé en fer. Le bouton, évidé à jour, offre une rosace surmontée d'une couronne. Le panneton se compose de quatre bandes dentées découpées en méandres.

Long., 155 millim.

119 — Clé en fer. La partie supérieure présente un élégant pavillon découpé à jour; au-dessous, une rosace évidée dans un large anneau décoré, de chaque côté, d'une croix de Malte ciselée. Le panneton est ouvré en peigne. Travail français du xvie siècle, chef-d'œuvre de maîtrise.

Long., 98 millim.

120 — Clé en fer. L'anneau est formé d'un chapiteau corinthien, surmonté de deux chimères adossées et d'ornements ciselés à jour. La tige est cannelée en forme de trèfle. Travail français du xviie siècle.

Long., 144 millim.

121 — Clé en fer. L'anneau présente deux bars affrontés; la tige est triangulaire à angles rentrants.

Long., 152 millim.

122 — Clé en fer. L'anneau se compose d'élégants rinceaux symétriques, finement ciselés. Travail français du xviie siècle.

Long., 100 millim.

123 — Clé en fer. La tige offre un rang de godrons entre un entourage de perles et divers ornements percés à jour. Sur le panneton, une ancre découpée. L'anneau présente un aigle au milieu de deux bars supportant une couronne impériale. Sous les serres de l'aigle, on lit : N. III. (Napoléon III.)

Long., 107 millim.

124 — Petit étui a ciseaux, en fer gravé. xvie siècle.

Long., 88 millim.

125 — Chausse-pied, en corne rougeâtre. La poignée représente un personnage grotesque et difforme, ayant des ailerons en guise de bras.

126 — Rape a tabac, en ivoire. Le Marchand de cornes. xviie siècle.

127 — Rape a tabac, en ivoire. Amour montrant à une jeune femme ces mots inscrits sur un livre ouvert : *Pour se faire aimer.*

SCULPTURES — OBJETS DIVERS

128 — Bois. Sainte Famille; très fin bas-relief en noyer sculpté, dans un cadre du même temps, en bois sculpté et doré. xviie siècle.

129 — Bois. Mendiant, sculpté en haut-relief, par Graillon père, de Dieppe. Signé, à droite : *Graillon,* 1848. C'est un des rares et beaux spécimens sur bois de cet habile maître. Le vieux mendiant est représenté les deux mains appuyées sur un bâton et portant un panier du bras gauche. Riche cadre en bois sculpté, à fleurs et feuillages, du xviie siècle.

130 — Bois. Cadre, délicatement sculpté par un des meilleurs élèves de *Bonzanigo.* Aux quatre angles, les têtes de profil des deux Pline, de Socrate et d'Aristote; sur les côtés, des trophées d'armes; en haut, dans un écusson, la lettre B, initiale de Bonzanigo; en bas,

entre deux guirlandes, une tête de taureau, arme parlante de *Torino* (Turin), où le grand artiste a passé toute sa vie artistique.

Haut., 285 millim.; larg., 220 millim.

131 — Ivoire. Cléopâtre piquée par un aspic. Haut-relief par *Van Bossuit*. xviie siècle.

Haut., 107 millim.; larg., 80 millim.

132 — Terre cuite. Mendiants; groupe de trois personnages, par Graillon père. Signé : *Graillon*.

133 — Coffret, en fer gravé, figurant des médaillons, des personnages, des chiens et des gibiers au milieu de rinceaux et de feuillages. L'intérieur du couvercle est rempli par une grande serrure à trois pênes.

134 — Aiguière en argent, ornée sur la panse de guirlandes repoussées.

135 — Bougeoir à deux lumières du temps de Louis XVI, en bronze ciselé et doré, avec abat-jour ovale.

136 — Deux jolis bras-appliques, à trois lumières, d'après le modèle de Lepaute.

FAIENCES DE ROUEN

137 — Grand plat rond, à bords légèrement côtelés. Le fond et le marli sont couverts de fleurs et de feuillages en camaïeu bleu, dans le goût nivernais. Fabrique de *Louis Poterat*.

(*Rech. s. l. Cér.*, p. 202.)

Diam., 565 millim.

138 — Grand plat rond, à riche bordure de lambrequins fleuronnés; au fond, quatre rinceaux de même genre, et, au centre, deux écus accolés, supportés par deux griffons et timbrés d'une couronne de comte. Ces armoiries appartiennent à Jacques Asselin, sieur de Villequier, conseiller au parlement de Rouen, mort le 28 mars 1728, et à Jeanne-Françoise du Bourguet, dame d'Auberville, son épouse.

(*Rech. s. l. Cér.*, p. 202.)

Diam., 550 millim.

139 — Grand plat rond, à bords légèrement côtelés. Dessin de broderies sur le marli. Au centre, dans une bordure de rinceaux fleuronnés, un écu de fille (losangé), aux armes d'Herbouville : *de gueules, à une fleur de lis d'or.* Timbre : *couronne ducale.* Supports : *deux licornes.*

(*Rech. s. l. Cér.*, p. 204.)

Diam., 570 millim.

140 — Plat rond, à riche bordure de lambrequins; au centre, une rosace entourée de cinq ornements en cul-de-lampe. Très fin décor bleu. Superbe type du style rayonnant.

(*Rech. s. l. Cér.*, p. 212.)

Diam., 440 millim.

141 — Grand plat, à décor bleu rayonnant, du temps de Louis XIV, dans le genre du précédent.

Diam., 500 millim.

142 — Vase a fleurs, exécuté chez *Louis Poterat* dans les commencements de la fabrication rouennaise. Décor bleu de fleurs jetées.

143 — Grand vase a fleurs, à piédouche et mascarons sur les côtés, décoré sur chaque face d'un paysage en camaïeu bleu rapidement brossé.

Haut., 465 millim.

144 — Assiette à décor bleu rayonnant; bordure de lambrequins et guirlandes. Au centre, une armoirie avec deux lions pour supports, et timbrée d'une couronne de marquis.

Cette assiette est aux armes de *Louis Poterat*, seigneur de Saint-Étienne, chez lequel elle a été fabriquée au commencement du XVIIIe siècle.

(*Rech. s. l. Cér.*, p. 204.)

145 — Aiguière en casque, avec masque sous le déversoir et godrons au culot. Riche décor bleu à réserve de rinceaux, fleurons, pendentifs et lambrequins. Époque de Louis XIV.

(*Rech. s. l. Cér.*, p. 208.)

Haut., 290 millim.

146 — Aiguière en casque, masque sous le déversoir, culot godronné. Décor bleu, en réserve de rinceaux et lambrequins. Époque de Louis XIV.

(*Rech. s. l. Cér.*, p. 208.)

Haut., 280 millim.

147-148 — Deux aiguières en casque, de petite dimension, cannelées du sommet à la base. Draperies, lambrequins, fleurs et rinceaux. Décor bleu, à réserves. Époque de Louis XIV.

(*Rech. s. l. Cér.*, p. 208.)

Haut., 220 millim.

149 — AIGUIÈRE EN CASQUE, godronnée au culot. Décor bleu à réserves de rinceaux et d'ornements fleuronnés; au milieu, sous le déversoir, deux écus accolés, timbrés d'une couronne de marquis. Époque de Louis XIV. L'anse a été refaite.
(*Rech. s. l. Cér.*, p. 208.)

Haut., 280 millim.

150-151 — DEUX ASSIETTES à bords côtelés. Le marli est couvert de rinceaux, de fleurs, de feuilles de vigne en réserve sur fond bleu. Au milieu, un large écusson, timbré d'un casque de face, orné de lambrequins, avec deux lions regardant l'écu pour supports.
(*Rech. s. l. Cér.*, p. 200.)

152 — SEAU A RAFRAICHIR OU CACHE-POT, à panse cannelée, décoré en bleu à réserves. Sur les deux faces, une armoirie d'abbé, appartenant à Henry de Fourcy, commandataire de Saint-Wandrille (près Caudebec-en-Caux) de 1690 à 1754.
(*Rech. s. l. Cér.*, p. 210.)

Haut., 153 millim.

153-154 — DEUX LIONS ASSIS, léopardés (la tête de face), en ronde bosse, faisant pendant et supportant chacun un écu, l'un de la patte droite, l'autre de la gauche. Décor bleu. Époque de Louis XIV.
(*Rech. s. l. Cér.*, p. 210.)

Haut., 220 millim.; long., 250 millim.

155 — ASSIETTE à bordure formant huit arcades rayonnantes, ornées chacune, à l'intérieur, d'un sujet à pendentif. Au centre, un cygne dans un médaillon à

découpures. Décor bleu à réserves. Commencements du XVIIIe siècle.
(*Rech. s. l. Cér.*, p. 222.)

156 — Assiette à rosace centrale rayonnante et à huit divisions se rattachant à la bordure, partagée en huit arcades. Décor bleu à réserves. Commencements du XVIIIe siècle. Marque : M en bleu, sous couverte.
(*Rech. s. l. Cér.*, p. 222.)

157 — Assiette à bordure de fleurs, pendentifs et lambrequins; au centre, une armoirie formée de deux écus accolés, timbrée d'une couronne de marquis. L'écusson de droite est aux armes d'Antoine Leignel, seigneur de Marbœuf et de la Jublinière. Celui de gauche appartient à sa femme Cécile Le Chevalier, dont le père était comte de Boüelle, près de Neufchâtel en Bray.
(*Rech. s. l. Cér.*, p. 212.)

158 — Assiette à décor bleu rayonnant, avec bordure de rinceaux et pendentifs reliés par des guirlandes.

159 — Assiette à décor bleu rayonnant. Pendant de la pièce précédente.

160 — Très belle fontaine du temps de Louis XIV. Elle représente un Neptune assis, tenant son trident de la main droite et se détachant en ronde bosse entre deux dauphins. Socle évidé par le milieu, à décor d'imbrications, terminé à la base par une bordure de palmettes et de rinceaux. Émaux bleu et vert. Robinet

en bronze doré, formé de deux dauphins superposés.

Cette fontaine remarquable est une œuvre de *maîtrise*, c'est-à-dire une pièce d'un travail exceptionnel, présentée sous le nom de *chef-d'œuvre*, et exécutée par un *compagnon* aspirant au titre de *maître*, pour donner une mesure de sa capacité.

(*Rech. s. l. Cér.*, p. 226.)

Haut., 400 millim.

161 — CORNET OCTOGONE de style rayonnant. Décor bleu à réserves.

(*Rech. s. l. Cér.*, p. 216.)

Haut., 375 millim.

162 — SUCRIÈRE à poudre, forme balustre, décorée en bleu à réserves; couvercle en forme de dôme percé de fleurons à jour; panse ornée de riches lambrequins et festons; pied à huit arcades rayonnantes.

(*Rech. s. l. Cér.*, p. 210.)

Haut., 225 millim.

163 — SUCRIÈRE à poudre, forme balustre, couvercle en dôme, percé à jour; pied à huit divisions rayonnantes renfermant chacune une fleurette; sur la panse, des lambrequins, des fleurs et des festons. Décor bleu, à réserves.

(*Rech. s. l. Cér.*, p. 210.)

Haut., 220 millim.

164 — SUCRIÈRE à poudre, forme balustre, décor très couvert de rinceaux, bouquets et faux godrons en bleu et rouge de fer d'un superbe émail.

(*Rech. s. l. Cér.*, p. 210.)

Haut., 240 millim.

165 — Sucrière à poudre, forme conique, avec son couvercle en dôme percé à jour, décor de fonds partiels bleus à réserves, rehaussés de rouge vif; dans les médaillons, des guirlandes et des corbeilles de fleurs. Marque : G. S. en bleu.

(*Rech. s. l. Cér.*, p. 210.)

Haut., 215 millim.

166 — Assiette à bordure de lambrequins et rinceaux fleuronnés formant guirlandes; au centre, une corbeille en cul-de-lampe. Décor bleu et jaune orangé. Très rare.

(*Rech. s. l. Cér.*, p. 200.)

167 — Assiette à décor bleu rehaussé de rouge, d'un magnifique émail. Riche bordure de lambrequins à cartouches quadrillés et pendentifs; au centre, une fleur.

(*Rech. s. l. Cér.*, p. 202.)

168 — Assiette semblable à la précédente.

169 — Assiette à riche bordure de lambrequins et pendentifs; au centre, une fleur. Décor bleu rehaussé de rouge d'un vif émail.

(*Rech. s. l. Cér.*, p. 202.)

170 — Assiette rayonnante, dans le goût de la précédente. Restaurée.

171 — Médaillon rond, représentant un saint en prière avec cette légende : *Le. Père. Des. Riches.* Très jolie

bordure à fines arabesques. Émaux bleu et rouge de fer.

(*Rech. s. l. Cér.*, p. 214.)

Diam., 184 millim.

172 — RAPE A TABAC du temps de Louis XIV. Bordure de palmettes et rinceaux. Au milieu, une corbeille en cul-de-lampe, chargée de fleurs et d'ornements s'élevant en pyramide. Décor bleu.

173 — PLAT OCTOGONE OBLONG, à anses tigrées. Superbe décor rayonnant de lambrequins, guirlandes et pendentifs; au centre, une corbeille de fleurs entre deux cornes d'abondance. Émaux vifs, bleu et rouge de fer.

(*Rech. s. l. Cér.*, p. 206.)

Haut., 315 millim.; long., 450 millim.

174 — PLAT OVALE OBLONG, bordure cannelée de lambrequins, rinceaux et ornements fleuronnés; au milieu, entre deux vases remplis de fleurs, une femme assise tenant de la main droite une corne d'abondance et de la gauche un bouquet. Restauré.

(*Rech. s. l. Cér.*, p. 206.)

Haut., 370 millim.; larg., 460 millim.

175 — PLATEAU OCTOGONE OBLONG à anses ornées de grappes de raisin; marli quadrillé vert chargé de demi-chrysanthèmes avec réserves à fleurs. Un bouquet de style oriental couvre le fond du plat. Marque au chiffre du fabricant *Guillibaud*.

(*Rech. s. l. Cér.*, p. 220.)

Haut., 340 millim.; long., 520 millim.

176 — Couvercle de soupière surmonté d'un serpent enroulé, bordure quadrillée, accompagnée de fleurs de style oriental. Sur les deux milieux, les armoiries du duc de Montmorency-Luxembourg.

Ce couvercle, exécuté chez Guillibaud, faisait partie d'un service célèbre offert par les échevins de la ville de Rouen, au duc de Montmorency-Luxembourg, en 1728, quand il fut nommé gouverneur de Normandie. (*Rech. s. l. Cér.*, p. 218.)

Haut., 260 millim.; long., 360 millim.

177 — Assiette à bordure d'arabesques et de quadrillés noir sur fond jaune d'ocre; au milieu, un grand médaillon découpé de même fond, chargé de deux Amours dansant. De fines guirlandes bleues, au nombre de huit, entourent ce médaillon.

Cette assiette, qui date de la Régence de Philippe d'Orléans, est très précieuse, comme toutes les faïences de Rouen à fond jaune ocré.
(*Rech. s. l. Cér.*, p. 212.)

178 — Assiette à bordure d'arabesques avec cartouches de quadrillés noirs sur fond jaune d'ocre; au milieu, un grand médaillon découpé de même fond, chargé d'une rosace quadrillée à huit divisions. Très rare.
(*Rech. s. l. Cér.*, p. 212.)

Diam., 240 millim.

179 — Écuelle a bouillon à décor chinois polychrome et enfants sur le couvercle; anses plates chantournées à jour, formées par deux dauphins accolés. A l'intérieur, une esclave, au sein découvert, lave les pieds

d'un personnage assis dans un fauteuil; tout autour, une guirlande de fleurs et de fruits se détache sur un fond bleu lapis. La couleur jaune d'ocre qui donne tant de prix aux faïences de Rouen se trouve sur diverses parties de cette belle écuelle.

(*Rech. s. l. Cér.*, p. 212.)

180 — Dessus de table ou plateau rectangulaire, à pans coupés. Décor polychrome aux quatre couleurs. Riche bordure de rinceaux, de fleurons et de guirlandes; au milieu, un gracieux motif composé d'une corbeille de fleurs accompagnée de papillons, perroquets, profils d'oiseaux chimériques et cornes d'abondance.

Style de transition entre le décor en camaïeu bleu et le genre rocaille.

(*Rech. s. l. Cér.*, p. 214.)

Long., 480 millim.; larg., 360 millim.

181 — Broc a cidre; pièce ainsi décrite par M. André Pottier, dans l'*Histoire de la faïence de Rouen*, p. 401. « *Catherine Duboc. — Léonard Duboc.* 1739. — Broc. Panse divisée en trois cartouches par des pilastres. Dans celui de devant, une sainte Catherine debout, foulant aux pieds son persécuteur; dessin d'un beau style, fièrement exécuté tout en bleu. Les deux autres cartouches sont remplis par un bouquet de fleurs suspendu à l'aide d'une draperie formant coin plissé; fleurs polychromes. »

(*Rech. s. l. Cér.*, p. 210.)

Haut., 235 millim.

182 — Broc a cidre, décoré de rinceaux et de fleurons,

avec réserve sur la panse de deux médaillons à sujets bibliques. Dans l'un, saint Jean-Baptiste; dans l'autre, sainte Anne et la Vierge. On lit au bas : *Jean. Baptiste. Fleury. Marie. Anne. Cavelier.* 1769.

(*Rech. s. l. Cér.*, p. 216.)

Pièce décrite dans l'*Histoire de la faïence de Rouen*, par M. André Pottier, p. 408.

Haut., 295 millim.

183 — Assiette à bordure chinoise, formée alternativement d'un quadrillé vert rehaussé de rouge, et de fruits se détachant sur fond bleu lapis. Au centre, deux écus accolés. L'écusson de droite peut appartenir soit aux Galopin, sieurs de Saonnet et de Montlagny, soit aux Semilly, sieurs de Bernières et de Coulombiers. L'écusson de la femme est sûrement celui des Hardy, sieurs de Champvallon et de Canapville, de l'élection de Lizieux.

(*Rech. s. l. Cér.*, p. 212.)

Diam., 245 millim.

184-185 — Deux assiettes à bordure chinoise quadrillée, avec réserves renfermant des crevettes. Au centre, un écusson aux armes de Robert-Hector-Joseph Carié, sieur du Gravier, né à Rouen au commencement du XVIIIe siècle. Il devint mestre de camp de cavalerie et fut anobli en 1767.

(*Rech. s. l. Cér.*, p. 212.)

186 — Plat creux ovale, à bords découpés. Décor rocaille, avec fleurs, oiseaux et papillons.

187 — Assiette à bordure quadrillée en vert rehaussé de

rouge, avec réserves de bouquets; au milieu, une claire-voie et des fleurs dans le goût chinois.

(*Rech. s. l. Cér.*, p. 218.)

188 — Assiette à bordure quadrillée en vert rehaussé de rouge, renfermant quatre demi-chrysanthèmes, avec réserves à fleurs; au centre, un paysage chinois.

(*Rech. s. l. Cér.*, p. 218.)

189 — Plat octogone à anses; bordure losangée en vert rehaussé de rouge, chargée de quatre demi-chrysanthèmes, avec réserves de fleurs. Au fond, un paysage chinois. Décor polychrome d'un bel émail.

(*Rech. s. l. Cér.*, p. 218.)

Haut., 245 millim.; larg., 370 millim.

190 — Assiette à personnages: bordure de fleurs, de plantes vertes, de quadrillés rouges, etc. Le milieu est occupé par trois femmes, dont deux portant le parasol. Copie exacte d'un décor chinois.

(*Rech. s. l. Cér.*, p. 222.)

191 — Compotier à pourtour festonné; bordure à huit divisions avec ornements fleuronnés. Au centre, un bouquet. Décor polychrome.

(*Rech. s. l. Cér.*, p. 224.)

Diam., 255 millim.

192 — Assiette à pourtour ondulé; très belle composition rocaille formée de rinceaux, fleurs groupées, oiseaux à long col et corne d'abondance.

(*Rech. s. l. Cér.*, p. 224.)

193 — Grand plat, a la corne, à pourtour ondulé. Vif décor polychrome de papillons, oiseaux, feuillages et cornes d'abondance chargées de fleurs.
(*Rech. s. l. Cér.*, p. 224.)

Diam., 420 millim.

194 — Compotier à bords découpés de festons. Beau décor polychrome *à la corne*, de fleurs, oiseaux, papillons et corne d'abondance.
(*Rech. s. l. Cér.*, p. 224.)

Diam., 245 millim.

195-196 — Deux assiettes à bords festonnés. Décor *a a corne.*

197-198 — Deux compotiers ou assiettes creuses, à pourtour ondulé. Décor *à la corne.*

199 — Assiette à décor de fleurs, genre Strasbourg, exécutée chez *Le Vavasseur*. En haut, sur le marli, un écu losangé aux armes de Mme de la Baume de Suze, abbesse de Saint-Amand, de Rouen, en 1770.
Décrite dans l'*Histoire de la faïence de Rouen*, par M. André Pottier, p. 316.

200 — Assiette de chez *Le Vavasseur*, à l'imitation des faïences d'Aprey. Sur le marli, des ornements de style rocaille; au centre, un décor d'oiseaux en terrasse.
(*Rech. s. l. Cér.*, p. 238.)

201-202 — Deux rafraîchissoirs oblongs, à anses et à bords échancrés en festons. Sur chaque face, un paysage animé d'un couple amoureux en costume Louis XVI. Ouvrage de *Le Vavasseur*, à Rouen.

FAIENCE DE NEVERS

203 — Petit compotier à bord relevé, décor à personnages en blanc fixe, sur fond bleu de Perse. Un pâtre joue de la mandoline près d'une jeune femme portant un panier de chaque bras.

Diam., 180 millim.

204 — Petit compotier à bord relevé, décor de fleurs et de feuillages en blanc fixé, sur fond bleu de Perse.

Diam., 180 millim.

205 — Assiette à fond bleu de Perse; décor en blanc fixe, de fleurs, oiseaux et papillons.

Diam., 240 millim.

206 — Potiche à fond bleu de Perse, décorée d'oiseaux, de fleurs et de feuillages en émaux blanc et jaune d'ocre.

Haut., 228 millim.

207 — Pot de pharmacie ou brocca, à biberon droit, avec godrons au culot; anse formée de deux serpents accolés. Décor bleu et violet de paysages jetés, dans le goût hollando-japonais.

Haut., 220 millim.

208 — Soulier de Noel. Décor polychrome d'arabesques avec figures.

(Ces six pièces sont reproduites dans les *Rech. s. l. Cér.*)

Haut., 70 millim.; long., 145 millim.

209 — Grands cornets octogones, à décor hollando-japonais, en émaux bleu et violet manganèse.

FAIENCES DE MARSEILLE

210 — Assiette à pourtour festonné. Jeune femme et deux enfants dans un paysage.

211 — Assiette à pourtour découpé, à fine bordure d'or ; sur le marli, des fleurs, des fruits et des insectes ; au centre, un écusson aux armes de la famille napolitaine des Pignatelli, dont un membre fut pape, sous le nom d'Innocent XII.

212 — Potiche à ouverture découpée en rocaille et décorée de deux guirlandes de fleurs polychromes, modelées en relief et descendant sur les côtés jusqu'au piédouche. Sur chaque face, un paysage vert rehaussé de noir. Ouvrage de Savy.

Haut., 254 millim.

213 — Écuelle a bouillon, à anses plates chantournées à jour, couvercle surmonté de deux personnages. Décor chinois polychrome.

(Ces quatre pièces sont reproduites dans les *Rech. s. l. Cér.*)

FAIENCES FRANÇAISES DIVERSES

214 — Suite de Palissy. Plat ovale à reliefs, représentant la Décollation de Saint Jean-Baptiste.
(*Rech. s. l. Cér.*, p. 192.)

Haut., 250 millim.; larg. 210 millim.

215 — Pré d'Auge. Gourde de chasse, aplatie latéralement et à six passants ornementés. Sur chaque face, un masque barbu autour duquel rayonnent des godrons entourés de perles. Le fond est jaspé de manganèse et de bleu. xvie siècle.
(*Rech. s. l. Cér.*, p. 192.)

Haut., 280 millim.

216 — Poterie d'Avignon. Petit vase en terre brune, à anse en S et bec en col de cygne. xviie siècle.

217 — Les Islettes. Plat à pourtour découpé et déchiquetures roses sur le marli ; au centre, un portrait de femme dans un médaillon attaché par des rubans entouré de lauriers et portant cette légende : *Épouse du philosophe républicain français.* Émaux vifs.
(*Rech. s. l. Cér.*, p. 240.)

Diam., 280 millim.

218-219 — Lyon. Plats lobés au pourtour ; marli décoré de losanges variés en vert, orange et bleu sur lequel se détachent des demi-chrysanthèmes. Quatre médaillons réservés renferment des poissons. Au centre, dans un médaillon arabesque rouille, un paysage peint en bleu et de même jaune.

(*Rech. s. l. Cér.*, p. 240).

Diam., 390 millim.

220-221 — Niederwiller. Deux plateaux carrés, à pourtour découpé et lobé; décor de bouquets de fleurs en émaux vifs.

(*Rech. s. l. Cér.*, p. 228.)

222 — Niederwiller. Assiette à pourtour découpé. Sur le marli, une branche verte et des légumes en relief. Au milieu de l'assiette, un bouquet et deux plus petits sur les bords.

(*Rech. s. l. Cér.*, p. 230.)

223 — Niederviller. Plat à bords festonnés. Papillons et chenilles jetés sur le marli; au milieu, un paysage. Décor en camaïeu rose.

(*Rech. s. l. Cér.*, p. 234.)

Diam., 390 millim.

224 — Niederwiller. Pot à lait, à anse en balustre. Sur la panse, un sujet champêtre à deux personnages, en costume du xviiie siècle.

(*Rech. s. l. Cér.*, p. 236.)

225 — Moustiers. Assiette décorée sur le marli de guirlandes se reliant à huit médaillons décorés d'oiseaux, bustes et figures de divinités. Au centre, un sujet biblique: ***Saint Michel terrassant le dragon***, encadré dans une bordure d'amours et de fleurs. Émaux polychromes.

(*Rech. s. l. Cér.*, p. 226.)

226 — Moustiers. Assiette décoré sur le marli, de huit bouquets de fleurs polychromes, séparés par autant de fleurettes. Au centre, une armoirie en camaïeu bleu, timbrée d'une couronne de baron.

(*Rech. s. l. Cér.*, p. 226.)

227 — Moustiers. Deux assiettes décorées en camaïeu bleu. Chasses, d'après Antoine Tempesta.

228-229 — Clermont-Ferrand. Assiettes à bordure de rinceaux et lambrequins quadrillés. Au milieu, une double armoirie, timbrée d'une couronne de baron.

(*Rech. s. l. Cér.*, p. 236.)

230-231 — Bellevue. Bustes de Voltaire et de Rousseau, sur piédouche ; faïence fine, émaillée en couleurs douces.

(*Rech. s. l. Cér.*

Haut., 210 millim.

232-233 — Sceaux. Jardinières semi-circulaires à pilastres et bordures de lauriers et rinceaux. Les médaillons sont remplis par des sujets de chasse. Délicieux décor polychrome pouvant soutenir la comparaison avec les peintures de Sèvres.

(*Le Livre des Collect.*, p. 410.)

Haut., 130 millim.; larg., 240 millim.

234 — Vaucouleurs. Ecuelle à bouillon, cannelée, à anses en S, avec couvercle surmonté d'un perroquet posé sur une branche de rosier. Joli décor de bouquets jetés, peints en émaux vifs.

(*Rech. s. l. Cér.*, p. 236.)

Haut., 175 millim.

235 — Rennes Plat à barbe à contour découpé, style rocaille; bordure à cartouches losangés alternés de grosses fleurs jaunâtres. Au milieu, une boutique de perruquier avec un *Figaro* saignant un malade.
(*Rech. s. l. Cér.*, p. 240.)

236 — Aprey. Plat oblong à contour festonné. Bordure divisée en huit compartiments par des ornements à palmettes; au milieu, un décor d'oiseaux en terrasse peint par Jarry.
(*Rech. s. l. Cér.*, p. 238.)

Haut., 265 millim.; long., 345 millim.

237 — Aprey. Assiette découpée et lobée; sur le marli, des ornements et des fleurs en relief. Au milieu, un décor d'oiseaux sur terrasse, peint par Jarry. Gravé dans les *Merveilles de la Céramique*, par A. Jacquemart, III, 76.

238 — Desvres. Cruche dite Jacqueline, en forme de femme assise, à robe fleurtée. Décor polychrome. Gravée dans l'*Histoire de la Céramique*, par Ad. Garnier, p. 347.

Haut., 355 millim.

239 — Sinceny (?). Assiette à décor bleu rayonnant, composé de douze bandes courbes à ornements réservés et de bandes blanches alternantes, chargées vers le haut d'une riche arabesque; au milieu, un œillet. Fabrique indéterminée, peut-être *Saint-Cloud*. Marque : un S. barré.

240 — Sinceny. Assiette à riche décor chinois polychrome, avec barque et personnages. Sans la barque, cette pièce d'un superbe émail serait incontestablement de Rouen.

241 — Strasbourg. Assiette à marli découpé à jour, décoré de six motifs à feuillages verts reliés par des cordons de même couleur; au milieu, un Chinois assis, tenant un drapeau.

242 — Strasbourg. Moutardier avec couvercle et soucoupe décorés de fleurs jetées, d'un superbe émail. Marque : P. H., en monogramme.

243 — Strasbourg. Deux supports avec masques ornés de volutes. Riche décor polychrome.
(*Rech. s. l. Cér.*, p. 244.)

FAIENCES ÉTRANGÈRES DIVERSES

244 — Italie. Vase à piédouche et à biberon droit. Panse en forme de coquille.

245 — Italie. Porte-bouquet en forme de tête de femme. xvie siècle. Décor bleu, jaune et vert en couleurs pâles.

Haut., 238 millim.

246 — Italie. Plaque en léger relief, *l'Adoration des Mages*. Décor polychrome, en émaux doux.
(*Rech. s. l. Cér.*, p. 244.)

Haut., 180 millim ; larg., 133 millim.

247 — Italie. Plaque octogone représentant *la Fuite en Égypte*, bas-relief en émail blanc, rehaussé au manganèse, sur fond bleu.

Haut., 238 millim.; larg., 280 millim.

248 — Castel-Durante. Coupe à larges bords. Au fond, un Amour. Sur le marli, des instruments de musique, peints en jaune bistre sur fond bleu lapis.

249 — Savone. Pot ou aiguière ; décor à paysage, en camaïeu bleu ; sur la panse, l'écu des Gonzague, adossé contre un génie, dont la main gauche est appuyée sur la tête de l'un des deux enfants servant de tenants. Cette pièce remonte aux premières années de la fabrication savonaise, c'est-à-dire à la fin du XVIe siècle, et devait faire partie d'un service que le duc de Gonzague aura apporté en France, quand il vint prendre possession de son duché de Nevers.

(*Rech. s. l. Cér.*, p. 194.)

Haut., 270 millim.

250 — Nuremberg. Broc décoré de branches, feuilles, formant des enroulements terminés par de grosses tulipes polychromes; au milieu de la panse, un cœur enflammé sert d'encadrement à une corbeille remplie de fleurs diverses. Marque : *Stebner*, *1771*, *d. 13 : 8 bris.*

Pièce décrite dans les *Merveilles de la Céramique*, III, p. 206.

Haut., 275 millim.

251 — Marieberg. Soupière à paroi extérieure losangée à jour. Les anses et la poignée du couvercle sont for-

mées de branches feuillées, décoré au manganèse. Marque aux trois croissants.

Haut., 235 millim.; larg., 305 millim.

252 — Marieberg. Soupière en forme de mitre; décor de fleurs jetées. Émaux bleu, vert, jaune et violet, manganèse. Marque M. Chef-d'œuvre de maître. (*Le Livre des Collect.*, p. 416.)

253 — Bruxelles. Cruche, à robinet, figurant un homme assis.

254 — Bruxelles. Cruche, à robinet, figurant une femme assise. Pendant de la pièce précédecte.

255 — Delft. Calice à décor de fleurs et arabesques polychromes. Marque de fabrique : *Au Paon*, dont Jacobus de Melde était propriétaire, en 1764.
(*Rech. s. l. Cér.*, p. 198.)

Haut., 250 millim.

256 — Delft. Petit coq, en ronde bosse. Décor polychrome à émaux vifs.
(*Rech. s. l. Cér.*, p. 198.)

Haut., 145 millim.

257 — Delft. Assiette à fin décor polychrome rouge, vert et or. Au centre, une armoirie.

258 — Delft. Assiette à fleurs bleues jetées sur le marli; au milieu, un écusson polychrome et les lettres R. D.
(*Rech. s. l. Cér.*, p. 246.)

259 — Delft. Plaque convexe, en forme de losange, à angles échancrés; fine bordure d'arabesques; au milieu, un beau médaillon en camaïeu bleu : *l'Enlèvement d'Europe*. Marque : K.

(*Rech. s. l. Cér.*, p. 246.)

Diam., 325 millim.

GRÈS

260 — Raeren. Cruche cylindro-sphéroïdale émaillée de bleu; sur la panse, neuf médaillons renfermant des bustes de personnages en costume du temps. xvie siècle. Couvercle d'étain avec les lettres A. HP.

Haut., 220 millim.

261 — Creussen. Cruche aux Apôtres (Apostelkrüg), offrant autour de la panse les portraits des apôtres avec leurs noms. Émaux polychromes et or, sur fond brun. xviie siècle.

(*Le Livre des Collect.*, p. 450.)

262 — Höhr-Grenzhauzen. Bouteille de chasse à fond gris, relevé d'émaux bleu et violet, présentant une fleurs de lis sur chaque côté, et les armes de France sur chaque face. xviie siècle.

(*Le Livre des Collect.*, p. 449.)

Haut., 210 millim.

263 — Höhr-Grenzhauzen. Cruche à panse sphéroïdale, figurant sur la face et à l'opposite, un médaillon à

pastillages et à rayons triangulaires circonscrivant une rosace ajourée. Émaux bleu et violet. xviie siècle.

Reproduite dans l'*Histoire de la Céramique*, par Ed. Garnier, p. 262, et dans *le Livre des Collect.*, p. 445.

Haut., 280 millim.

264 — Höhr-Grenzhauzen. Bouteille de chasse offrant sur chaque face, au milieu d'un semis d'étoiles, un médaillon renfermant les armes d'Autriche. Émaux bleu et violet. xviie siècle.

Haut., 255 millim.

265 — Saxe. Cruche en terre de Saxe, à décor polychrome et or sur fond noir; au milieu de la panse, un personnage en buste, coiffé de la grande perruque: sur le couvercle d'étain, les lettres A. G. xviie siècle.

Haut., 130 millim.

PORCELAINES DIVERSES

266 — Nymphenbourg. Soupière avec son plateau, décorés de paysages en camaïeu brun, sur fond de bois de sapin. Deux de ces paysages sont signés : sur la soupière : *J. Séligman fecit :* sur le plateau : *F. de Rossi*. Marque à l'écu de Bavière, en creux dans la pâte.

267 — Nymphenbourg. Tasse droite avec soucoupe, en porcelaine de Nymphenbourg, décorées de paysages en camaïeu rose, sur fond de bois de sapin. Marque à l'écu de Bavière, en creux dans la pâte.

268-269 — Frankenthal. Deux tasses et soucoupes, en porcelaine de Frankenthal. Décor de fleurettes jetées, modelées en relief et peintes au naturel avec une rare perfection. Les anses présentent, à la partie supérieure, un délicieux petit buste de femme. Marque au chiffre C. T. couronné (Charles-Théodore).

270 — Sèvres. Tasse droite et soucoupe, au chiffre de la Du Barry (D. B.). Décor de bluets sur fond jaune jonquille. Marque : deux L entrelacés renfermant les lettres KK, qui indiquent l'année 1786; au-dessous les lettres M. X., signature du peintre Xzouet.

VERRERIE

271 — Venise. Coupe à bords évasés, en verre craquelé, sur pied élevé.

272 — Venise. Gobelet à ornementation filigranique, blanc de lait (*latticinio*).

273 — Venise. Verre cylindrique surélevé, décoré de filets blancs opaques (*latticinio*).

274 — Venise. Salière à trois cuvettes, sur piédouche.

275 — Venise. Deux burettes à anse en S et bec en col de cygne.

276 — France. Deux vases à anses, forme balustre, ornés de fleurons en relief.

277 — France. Burette à piédouche et biberon droit; panse saillante ; au-dessus, un large anneau surmonté d'un oiseau.

278 — Allemagne. Vidrecome. Verre de corporation, daté de 1698.

279 — Allemagne. Vidrecome. Verre de corporation des rémouleurs, daté de 1714. A l'opposite de l'écusson, se trouve une longue inscription allemande.

280 — Allemagne. Verre à pied, supérieurement gravé. Le sujet représente des Amours en chasse.

281 — Allemagne. Verre à pied, avec couvercle, décoré d'un écusson gravé.

MEUBLES DIVERS

282 — Coffre en chêne sculpté, à pans coupés, séparés par des colonnettes et décoré de douze portraits médaillons. Ce beau meuble est le corps d'une crédence, dont les pieds ont été détruits par le temps. C'est un rare spécimen de la transition du gothique à la Renaissance et l'on y trouve la réunion de ces deux styles. Commencement du XVIe siècle.

283 — Meuble allemand, en noyer, du xvie siècle, à trois vantaux superposés et sculptés de main de maître. Les fleurs de lis qui entourent les serrures ont été rapportées après coup.

284 — Meuble à trois corps, en noyer sculpté et applications de marbre. Le vantail du milieu représente Louis XIII, à cheval. Sur les deux panneaux du bas, sont des femmes allégoriques, en léger relief, dans le goût des Saisons, de Jean Goujon. Le reste du meuble se compose de colonnettes, mufles de lion, statuettes, têtes d'anges, aigles, cygnes, oiseaux chimériques, etc. Travail normand, remontant au premier tiers du xviie siècle. Tradition de la Renaissance.

285 — Commode en palissandre plaqué, garnie de cuivres d'une riche ornementation. Ceux des encoignures représentent : en bas, un mufle de lion ; sur la panse, deux enfants soutenant un écu ; en haut, un motif d'ornements réguliers surmonté d'une gracieuse tête de femme. Les poignées sont formées par deux serpents. La partie qui sépare les deux tiroirs du haut forme un étroit et long tiroir à secret.

Sous le marbre, en brèche d'Alep, se trouve le monogramme N B.

286 — Glace ovale biseautée, bordée d'un cadre en chêne sculpté et doré. La sculpture en très haut-relief représente des feuilles d'acanthe taillées avec une superbe maestria. École italienne, xviie siècle.

287 — Table en bois sculpté et doré, du temps de

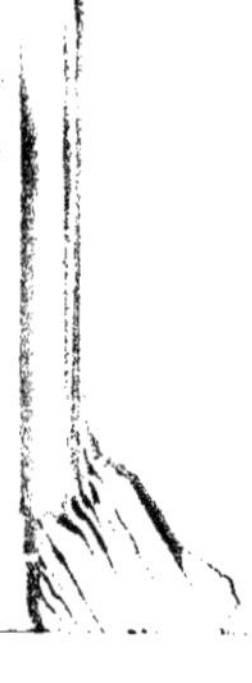

Louis XIV. Aux angles et au milieu, des figures ornées de coiffures à plumes.

288 — Grand meuble à deux corps, en laque de Chine, avec abattant formant bureau et orné de cuivre ciselé. Il est garni de casiers, de grands et petits tiroirs de formes diverses, dont deux à secret. L'intérieur de ce magnifique meuble est d'une conservation parfaite.

Provient du château de Chanday (Orne) et appartenait au duc de Caumont la Force.

289 — Fauteuil Louis XIV, en bois sculpté, couvert en tapisserie au petit point. Le dossier représente la Famille de Darius aux pieds d'Alexandre.

290 — Grand fauteuil de prélat, en bois sculpté et doré, couvert en tapisserie Louis XIV au petit point, représentant Moïse sauvé des eaux et une scène de la vie de Joseph.

291 — Grand fauteuil en bois sculpté et doré, couvert en tapisserie de Beauvais Louis XVI; vases et guirlandes de fleurs.

292 — Très beau canapé Louis XVI, couvert en tapisserie de Beauvais. Le siège représente une Chasse au sanglier et le dossier des Amours dans un paysage.

293-294 — Deux fauteuils Louis XVI, à dossiers ovales, couverts en tapisserie de Beauvais, à sujets chinois.

295-296 — Deux fauteuils Louis XVI, à dossiers ovales, de même genre que les précédents.

297-298 — Deux chaises Louis XVI, en bois finement sculpté, à siège ovale et dossier droit, en gaine. La tapisserie, de Beauvais, représente des vases et des bouquets de fleurs.

Estampille : *I. B. Séné.* Jean-Baptiste Séné était fournisseur de la couronne sous Louis XVI.

299-300 — Deux bergères Louis XVI en bois doré, couvertes en damas de soie, à fond rouge.

301-302 — Deux tabourets vénitiens en forme de nègres accroupis et couverts en tapisserie Louis XIII.

303 à 310 — Morceaux de tapisseries, coussins, guipures.

www.ingramcontent.com/pod-product-compliance
Ingram Content Group UK Ltd.
Pitfield, Milton Keynes, MK11 3LW, UK
UKHW022134260726
13993UKWH00003B/1442

9 782329 513577